Armin Täubner

Winterimpressionen

riesengroß und filigran

D1926435

frechverlag

Von Armin Täubner sind im frechverlag weitere winterliche Bücher erschienen. Hier eine Auswahl:

TOPP 2526

TOPP 2527

TOPP 2528

TOPP 2369

TOPP 2373

TOPP 2243

Fotos: frechverlag GmbH + Co. Druck KG, 70499 Stuttgart; Fotostudio Täubner

Dieses Buch enthält: 2 Vorlagenbogen

Materialangaben und Arbeitshinweise in diesem Buch wurden von dem Autor und den Mitarbeitern des Verlags sorgfältig geprüft. Eine Garantie wird jedoch nicht übernommen. Autor und Verlag können für eventuell auftretende Fehler oder Schäden nicht haftbar gemacht werden. Das Werk und die darin gezeigten Modelle sind urheberrechtlich geschützt. Die Vervielfältigung und Verbreitung ist, außer für private, nicht kommerzielle Zwecke, untersagt und wird zivil- und strafrechtlich verfolgt. Dies gilt insbesondere für eine Verbreitung des Werkes durch Film, Funk und Fernsehen, Fotokopien oder Videoaufzeichnungen sowie für eine gewerbliche Nutzung der gezeigten Modelle.

Auflage: 5. 4. 3. 2. | Letzte Zahlen
Jahr: 2003 2002 2001 2000 1999 | maßgebend

© 1999

frechverlag GmbH + Co. Druck KG, 70499 Stuttgart

ISBN 3-7724-2525-9 · Best.-Nr. 2525

Druck: frechverlag GmbH + Co. Druck KG, 70499 Stuttgart

Draußen ist es kalt geworden und die ersten Schneeflocken fallen vom Himmel. Nun ist es Zeit, die herbstlichen Fensterbilder abzunehmen und durch Wintermotive zu ersetzen. In diesem Buch finden Sie großformatige Fensterbilder für Anfänger und Fortgeschrittene. Neben gefüllten Nikolausstiefeln und Strümpfen dürfen stimmungsvolle Adventsgestecke und Kerzenleuchter nicht fehlen. Aber auch fröhliche Szenen spielen sich hier ab. Der Weihnachtsmann hat Probleme mit seinem Esel, wintersportbegeisterte Vögel gehen auf die Piste, ein Schneemann wagt sich mit dem Pinguin für ein Tänzchen aufs Eis und Engel läuten die Glocken. Viele weitere schöne winterliche Motive gibt es im Buch noch zu entdecken. Lassen Sie sich in die filigrane Winterwelt entführen!

Arbeitsschritte

1. Pausen Sie das Motiv mit einem Bleistift auf Transparentpapier (Architektenpapier) ab. Für Kreise bzw. gerade Linien verwenden Sie zusätzlich noch Zirkel und Lineal. Das Transparentpapier kleben Sie mit einem Klebestift auf einen dünnen Karton.

2. Nun wird das Motiv ausgeschnitten. Für das Herausschneiden der Innenflächen verwenden Sie am besten einen Cutter (Schneidemesser). Beim Schneiden mit dem Cutter wird nur mit der Spitze geschnitten. Halten Sie ihn dazu wie einen Stift. Cutter haben eine Abbrechklinge. Wenn die Spitze stumpf ist, wird die Klinge einfach abgebrochen und nachgeschoben. Achten Sie auf eine geeignete Schneideunterlage. Der Fachhandel hält spezielle Schneideunterlagen bereit. Es genügt aber auch ein Küchenbrett aus Kunststoff. Sehr kleine, runde Innenflächen wie z. B. Augen lassen sich exakt mit einem Grafikermesser herausschneiden, weil es eine spitzere Klinge als der Cutter hat.

Für die äußere Kontur können Sie auch eine Schere verwenden. Das ausgeschnittene Motiv ist Ihre Schablone. Beim Ausschneiden beginnen Sie stets mit den kleinen Innenflächen und den Trennlinien. Die äußere Kontur wird erst zum Schluss nachgeschnitten.

3. Legen Sie die Schablone auf weißen oder farbigen Tonkarton und ziehen Sie die Konturen mit Bleistift nach. Bei einem dunklen Tonkarton verwenden Sie zum Nachzeichnen anstelle des Bleistifts einen weißen oder einen gelben Farbstift.

4. Schneiden Sie das Motiv aus.

Auf dem Geschenkeschlitten

Motivhöhe ca. 27 cm

Schneiden Sie zuerst die Trennlinien zwischen Gesicht und Haaren, am Kragen, zwischen den Flügeln, am Ärmel und am Päckchen aus. Die Trennlinien werden mit einem zweiten Schnitt etwas erweitert. Nun kommen die Sterne, die Ösen der Päckchenschleife und die Ohrinnenfläche des Teddys an die Reihe. Arbeiten Sie die restlichen Innenflächen des Motivs heraus. Wenn Sie den Umriss nachgeschnitten haben, stanzen Sie das Bärenauge mit einer Lochzange aus.

Tanz um die Kerze

Motivhöhe ca. 45 cm

Beim Abpausen des Motivs nehmen Sie für den runden Kerzenschein einen Zirkel. Ein kleines Kreuz markiert die Einstichstelle. Beginnen Sie beim Ausschneiden mit den Augen. Es folgen die Trennlinien, die z.B. Hutband, Schal und Schulter andeuten. Die Trennlinien werden mit einem zweiten Schnitt ein wenig verbreitert. Nun können Sie die Flamme, den Kerzenschein und schließlich den Umriss des Fensterbildes nachschneiden.

Rutsch mir doch den Buckel runter

Motivhöhe ca. 49 cm

Sind die Trennlinien an den Hüten, an der Schulter und am Flügel und den Beinen nachgeschnitten und leicht verbreitert, werden die Augen herausgeschnitten. Nun ist die Fläche zwischen Stock und Schneemann an der Reihe. Schneiden Sie den Umriss nach und stanzen Sie abschließend mit der Lochzange jeweils einen Lichtreflex in jedes Auge.

Ein Gruß vom Nikolaus

Motivhöhe ca. 28 cm

Zuerst werden die Trennlinien am Stiefel, an der Zuckerstange und rund um den großen Stern nachgeschnitten und verbreitert. Anschließend schneiden Sie die Sterne aus den Zweigen und die Innenflächen zwischen den beiden Anhängern und dem Stiefel bzw. den Tannenzweigen heraus. Zum Schluss schneiden Sie den Umriss des Motivs nach.

Festlich geschmückter Weihnachtsbaum

Motivhöhe ca. 41 cm

Sind die Sterne mit dem Cutter herausgeschnitten, werden die Innenflächen der Kerzenflammen entfernt. Abschließend schneiden Sie die äußere Kontur nach.

Adventsgehänge mit fünf Kerzen

Motivhöhe ca. 41 cm

Zum Anfertigen der Schablone werden Zirkel und Lineal benötigt. Kleine Kreuze markieren die Einstichstellen für den Zirkel. Schneiden Sie zuerst die Dochte heraus. Es folgt die Innenfläche des Kranzes. Nun werden die Sterne aus den Anhängern herausgeschnitten. Abschließend schneiden Sie den Umriss des Fensterbildes nach.

Die Katze darf auch mitfahren

Motivhöhe ca. 21 cm

Die Trennlinien, die die Kleidungsstücke gegeneinander abgrenzen, werden zuerst nachgeschnitten. Nun schneiden Sie die Innenflächen des Motivs heraus. Zum Schluss wird die äußere Kontur des Fensterbildes nachgeschnitten und das Katzenauge mit einer Lochzange ausgestanzt.

Gefüllter Nikolausstrumpf

Motivhöhe ca. 31 cm

Nach den Strumpfnähten werden die Trennlinien, die den hölzernen Teil des Zweiges andeuten und die die Schleife vom Weihnachtsmann und sein Gesicht von der Kapuze abgrenzen, eingeschnitten. Nun sind die kleinen Sterne, das Bonbon und die Innenflächen der Schleife an der Reihe. Wenn Sie das aufgehängte Sternentrio freigelegt haben, können Sie die Umrisslinie nachschneiden.

Vogel auf geschmücktem Tannenzweig

Motivhöhe ca. 41 cm

Beginnen Sie mit dem Nachschneiden der Trennlinien am Vogelflügel und den Füßen. Die Trennlinien werden jeweils mit einem zweiten Schnitt verbreitert.

Es folgen die Linien, die den hölzernen Teil des Zweiges und einige Tannennadeln andeuten. Nun werden die Sterne herausgeschnitten und das Vogelauge herausgearbeitet. Nach den Innenflächen zwischen den Anhängern schneiden Sie die Umrisslinie mit dem Cutter nach.

Stille Nacht, heilige Nacht

Motivhöhe ca. 32 cm

Beginnen Sie mit dem Nachschneiden der Trennlinien an der Heiligen Familie. Anschließend werden die Innenflächen herausgeschnitten. Es folgen die Zwischenräume der Bretter sowie Ochse, Esel und der Stern. Schneiden Sie den Umriss des Fensterbildes nach. Zum Schluss werden mit einer Lochzange die Tieraugen und die Nüstern ausgestanzt.

Kling, Glöckchen ...

Motivdurchmesser ca. 29 cm

Verwenden Sie zum Abpausen des Motivs zusätzlich Zirkel und Lineal. Ein kleines Kreuz markiert die Einstichstelle für den Zirkel.
Beginnen Sie mit dem Nachschneiden der Trennlinien, die Gesicht und Haare trennen. Nun werden die Sterne und anschließend die restlichen Innenflächen herausgeschnitten. Mit der Schere wird zum Schluss der runde Rahmen nachgeschnitten.

Himmlische Töne

Motivhöhe ca. 31 cm

Zuerst werden die Trennlinien am Engelskopf und zwischen den Flügeln nachgeschnitten und ein wenig verbreitert. Schneiden Sie die Sterne aus dem Kleid, bevor Sie die äußere Kontur mit dem Cutter nachschneiden. Die Noten können nach Geschmack mit dem FENSTERMALSTIFT von Hobbidee® auf die Scheibe gemalt werden.

Der Weihnachtsmann und sein Esel

Motivhöhe ca. 34 cm

Alle Trennlinien werden nachgeschnitten und etwas verbreitert. Nun schneiden Sie die Innenflächen heraus. Anschließend wird der Umriss nachgeschnitten. Mit einer Lochzange stanzen Sie die Augen sowie den Knopf am Mantel des Weihnachtsmannes aus.

Adventsgesteck

Motivhöhe ca. 37 cm

Zuerst werden die Trennlinien, die den Verlauf der Zweige und die Tannennadeln andeuten, mit dem Cutter nachgeschnitten und jeweils mit einem zweiten Schnitt etwas verbreitert. Anschließend schneiden Sie die Sterne und die Kerzenhalter heraus. Nun können die Innenflächen der Flammen herausgeschnitten werden. Das Nachschneiden der äußeren Kontur erfolgt zum Schluss.

Kerzenleuchter

Motivhöhe ca. 30 cm

Beginnen Sie mit dem Herausschneiden der Sterne. Es folgen die Dochte und die Trennlinien an Ober- und Unterseite der Kerzen. Nun legen Sie die beiden dreieckigen Flächen zwischen den Armen des Leuchters frei. Erst jetzt wird die äußere Kontur mit dem Cutter nachgeschnitten.

Gefiederte Skifahrer

Motivhöhe
ca. 25 bzw. 27 cm

Schneiden Sie die Trennlinien mit dem Cutter nach und verbreitern Sie diese ein wenig. Nun wird die Fläche zwischen den Beinen und die Innenfläche des Auges herausgeschnitten. Schneiden Sie dann den Umriss nach.

Kerzentrio im Sternrahmen

Motivdurchmesser ca. 29 cm

Verwenden Sie zum Abpausen Zirkel und Lineal. Ein kleines Kreuz markiert die Einstichstelle für den Zirkel. Nun schneiden Sie zuerst die Dochte der Kerzen heraus. Es folgen die dreieckigen Innenflächen im Rahmen und die große Innenfläche in der Mitte. Abschließend schneiden Sie den gezackten Umriss nach.

Hallo, Kätzchen

Motivdurchmesser ca. 29 cm

Ein kleines Kreuz in der Mitte markiert die Einstichstelle für den Zirkel. Beginnen Sie mit den Trennlinien am Weihnachtsmann. Es folgen die Zwischenräume am Zaun sowie die große Innenfläche. Schneiden Sie dann den gezackten Rahmen aus. Mit einer Lochzange werden die Augen ausgestanzt.

Schneewalzer

Motivhöhe ca. 28 cm

Zum Herausschneiden der Augen und Knöpfe verwenden Sie am besten ein Grafikermesser. Anschließend werden die Trennlinien an den Hüten und am Pinguinschnabel und -rumpf nachgeschnitten und leicht verbreitert. Es folgen die Innenflächen an den Schlittschuhen und die äußere Kontur.

Lass mich bitte mitfahren

Motivhöhe ca. 38 cm

Schneiden Sie zuerst die Trennlinien und die Barthaare der Katze mit dem Cutter nach. Die Trennlinien werden jeweils mit einem zweiten Schnitt ein wenig verbreitert. Nun schneiden Sie die Innenflächen des Fensterbildes heraus. Wenn Sie den Umriss des Motivs nachgeschnitten haben, stanzen Sie noch das Katzenauge mit der Lochzange aus.